George Picot

La Lutte contre le socialisme révolutionnaire

Essai

Le code de la propriété intellectuelle du 1er juillet 1992 interdit en effet expressément la photocopie à usage collectif sans autorisation des ayants droit. Or, cette pratique s'est généralisée dans les établissements d'enseignement supérieur, provoquant une baisse brutale des achats de livres et de revues, au point que la possibilité même pour les auteurs de créer des œuvres nouvelles et de les faire éditer correctement est aujourd'hui menacée. En application de la loi du 11 mars 1957, il est interdit de reproduire intégralement ou partiellement le présent ouvrage, sur quelque support que ce soir, sans autorisation de l'Éditeur ou du Centre Français d'Exploitation du Droit de Copie , 20, rue Grands Augustins, 75006 Paris.

ISBN : 978-1976217357

10 9 8 7 6 5 4 3 2 1

George Picot

La Lutte contre le socialisme révolutionnaire

Essai

Table de Matières

INTRODUCTION

Le trait saillant de notre état actuel, c'est l'assaut donné à la société par les partis qui se disent radicaux, socialistes et anarchistes. Journaux de tous formats, revues de toutes couleurs, réunions populaires, associations et syndicats révolutionnaires, sacrifices pécuniaires, collectes, tout ce qu'une presse ardente et un parti résolu peuvent mettre en œuvre nous donne l'impression d'une armée opérant un vaste mouvement, avançant méthodiquement et se préparant à un effort décisif.

Ce fait mérite en lui-même l'attention de tous ceux qui observent ; mais il ne dépasserait pas la mesure des phénomènes d'activité qui frappent dans les pays libres, il ne serait pas plus extraordinaire que l'organisation des démocrates de l'autre côté de l'Atlantique ou des libéraux au-delà de la Manche s'il correspondait à une organisation semblable des autres partis.

Malheureusement il n'en est pas ainsi. S'il arrivait au voyageur entrant en Angleterre de voir sur les murs les appels des radicaux, de lire les violences de leurs journaux, d'entendre les orateurs de leurs réunions, de noter à chaque jour, à chaque heure, leurs menaces, sans qu'en face d'eux, à d'autres heures, mais pied à pied, d'autres meetings, d'autres orateurs, d'autres journaux lissent appel aux conservateurs ; si, en un mot, dans l'arène des partis, n'apparaissait qu'une seule couleur, un seul champion ; si, au lieu d'une lutte, il n'y avait qu'une phalange d'assaillants, le voyageur serait pris de crainte, et nous rapporterait sur l'avenir prochain de la Grande-Bretagne les plus lamentables pronostics Ce qui frappe tous les yeux en ce moment en France, c'est l'absence de tout parti organisé et acceptant franchement la lutte contre la coalition du radicalisme, du socialisme et de l'anarchie.

Je voudrais rechercher de quels éléments se compose cette coalition, à l'aide de quelles armes on peut la combattre, comment doit se constituer un parti de lutte, et quel doit être son programme d'action.

René Joison

I. — INDIFFÉRENCE POLITIQUE

Ceux d'entre nous qui reprochent aux Français de haïr la politique, ne sont-ils pas injustes envers leurs concitoyens ? Après dix révolutions, ce que n'a vu aucun peuple organisé en un siècle, il est tout naturel qu'une nation se sente épuisée ou profondément sceptique. Depuis la chute de l'ancien régime que la France a voulue, depuis 1790, on peut affirmer qu'elle n'a souhaité d'avance aucune de ses révolutions : elle les a subies, employant toutes ses ressources, toute son intelligence, la force d'un travail incomparable, à réparer l'édifice lorsqu'il avait été ébranlé. Au lieu de se révolter, la masse laborieuse acceptait la nouvelle constitution, sans arrière-pensée, pour en tirer le meilleur parti ; ne se souciant guère de la forme politique et de l'effigie des monnaies, elle se remettait à l'œuvre avec une vigueur nouvelle, sachant bien que l'État, quel que fût son nom, ne toucherait pas aux instruments de son travail, respecterait sa propriété, ses intérêts, son pécule, parce que l'impôt, le budget, la force même de la France y étaient attachés. Cette confiance s'appelait la sécurité publique.

Entre la nation qui paye sans marchander les contributions et le gouvernement qui assure en retour la protection des personnes et des biens, il se fait un échange de promesses : ce pacte est le véritable contrat social, reposant non sur des chimères, mais sur la réalité des choses.

Ce que le Français possède est son grand souci. Interrogez l'habitant des campagnes dans son champ, celui des villes dans son atelier ; écoutez leurs réponses : ce sont les forces vives du pays que vous toucherez du doigt. La propriété est leur passion. Pour le paysan, la terre, pour le commerçant son magasin, pour l'industriel son usine, pour l'ouvrier son marteau, pour tous l'épargne qu'il a pu amasser sou par sou et qui est le noyau de son pécule, tout cet ensemble constitue à leurs yeux le gage de leur affranchissement et l'espoir de leur vieillesse. Souvenez-vous de ce pauvre logis recouvert en paille qu'on appelait jadis cabane ou chaumière : il se transforme peu à peu en une maison mieux construite et mieux close. Le paysan, l'ouvrier français y met sa coquetterie : depuis cent ans, sous ce régime que maudit le socialiste, un progrès extraordinaire est en voie de s'accomplir. Sait-on qu'en France, où il y a 10 millions d'électeurs, 5 millions et demi de propriétaires habitent leur propre maison et que, sur ce nombre, 5 millions l'habitent *seuls*, sans locataires [1] ? Sait-on que le nombre total des propriétaires de terres, déduction faite des doubles emplois et des cotes multiples, est de 8 millions et demi ? et que sur mille feux, on compte 849 Français payant une cote foncière [2] ?

De tels chiffres résultant de ce qu'il y a de plus précis, la perception de l'impôt, en disent plus long que tous les discours. Or il est prouvé que, loin de diminuer, ce nombre augmente avec les économies d'un peuple qui possède 8 millions de livrets de caisse d'épargne. Est-il permis dès lors de dire qu'il s'agit d'une caste privilégiée, d'une oligarchie restreinte ? et ne sommes-nous pas en présence d'une force nationale ?

L'espérance de la propriété, pour qui a vécu auprès des paysans et des ouvriers, est l'aiguillon de l'activité, de même que l'habitation possédée par le père est le lien de la famille ; assurément, la maison mérite le nom de foyer ; c'est bien le centre où se réchauffent tous les sentiments, d'où partent les élans, où chacun revient, dans les heures de tristesse, chercher la force et reprendre courage.

Envisagée sous cet aspect, la possession d'un toit est pour une famille la condition même de sa stabilité. Qui ne possède, dans nos campagnes, ni abri, ni morceau de terre, est comme une pierre détachée qui roule : vienne le moindre incident et il se laissera attirer sans résistance vers le tourbillon de la grande ville. Aussi quelle pensée fixe parmi ceux qui ont des bras robustes au service d'un cœur vaillant ! quel travail acharné en vue de la propriété qui est le signe de l'émancipation ! Quel soin jaloux pour entasser les moindres profits ! Ne tenons pas ces efforts pour un vulgaire souci. Il n'y a pas lieu d'en sourire. Dévouement aux siens, prévision de l'avenir, amour de la famille, toutes les qualités les plus fortes d'une race vaillante se trouvent on réserve dans ce cœur de la France qui, entre le sillon et l'enclume, ne connaît ni paresse ni repos.

Si nous savons lire l'histoire de notre pays et de notre siècle, nous devons reconnaître que la France est une ruche laborieuse bien plus occupée de son travail que de ses révolutions politiques ; assez indifférente aux querelles des partis, elle n'a rien vu jusqu'ici dont la défense méritât ses peines.

L'heure est venue où il ne s'agit plus ni de formes constitutionnelles, ni de politique dans le sens ordinaire du mot, ni de ces débats dont il n'a cure, mais de ce que le Français met au-dessus de tout, de sa terre et de ses économies.

II. — LE SOCIALISME

Le socialisme attaque directement tout cela. Ce n'est plus une vague théorie, reléguée dans des livres ou sortant de la brume nuageuse des universités allemandes ; ce n'est plus le vieux Proudhon et ses sophismes, ce n'est plus Lassalle ou Karl Marx : c'est un corps de doctrine qui prétend s'emparer de la France pour tout détruire, tout refondre et tout résoudre.

Végétant sans bruit, parlant sans succès depuis quelques années, il a trouvé des voix retentissantes et de jeunes audaces qui lui ont donné tout d'un coup une apparence de vie. Servi par des journaux rédigés avec autant de talent que de violence, le socialisme a compris que pour créer des courants dans une démocratie il fallait hausser le ton et entretenir sans se lasser une lutte perpétuelle : aux violents, il donne le spectacle de foyers d'incendie qu'il ne cesse d'alimenter ; aux simples, aux foules, il annonce une doctrine. Procéder à la manière des religions a toujours été la méthode des grands révolutionnaires : ils savent que le jour où les âmes seront conquises, il n'est pas de dévouement, pas de sacrifice que le chef ne puisse attendre de ses troupes. Toute la force des socialistes vient de ce qu'ils ont fait croire à un certain nombre de malheureux que leur cause était celle de la liberté et de la prospérité du peuple.

Changeant de forme et de langage suivant les milieux, tantôt le socialisme s'enveloppe de phrases sonores et obscures, tantôt il se borne à un seul article de son programme habilement choisi pour exciter les esprits. Ici il ne parlera que de morceler les grandes propriétés, faisant croire au petit propriétaire qu'il lui laissera la jouissance du sol ; là il s'élèvera contre les abus du patronat au nom de la liberté du travailleur, n'avouant pas que le collectivisme s'apprête à faire de l'État le patron universel.

Ce qui assure la perte à bref délai du socialisme s'il rencontre devant lui de vrais et hardis adversaires, c'est qu'il ne peut sans se perdre découvrir l'ensemble de sa doctrine : il vit de sous-entendus, enrôle ses adeptes en ne leur faisant connaître que ce qui peut les charmer, tient les langages les plus divers, émet les affirmations les plus opposées, se contredit et se coupe. Mais, en attendant que l'offensive résolument dirigée l'ait réduit à néant, quelles théories séduisantes ! Pour les foules ignorantes et misérables, qui souffrent du chômage, que la maladie du chef de famille réduit à la détresse, qui travaillent et s'épuisent sans obtenir la sécurité du lendemain, quoi de plus enchanteur que les promesses du paradis collectiviste ? Ecoutez-les : ils ont un remède pour toutes les misères.

« Les soucis du salaire incertain, du loyer inévitable, des dépenses croissantes, de la maladie qui paralyse, de l'accident qui ruine, de la vieillesse qui affame, tout cela s'évanouit comme un cauchemar odieux ! Ces maux que vos tyrans disent inhérents à l'humanité ne sont que les résultats d'une société imparfaite. A la science, notre universelle maîtresse, nous ne devons pas seulement la vapeur, l'électricité, toutes ces forces magiques qui ont changé notre vie, nous devons bien plus : la connaissance de nos maux et leurs remèdes. Elle nous a appris que la société qui vous opprime était mal constituée. Nous venons vous apporter la bonne nouvelle, l'évangile du travailleur ! Vos enfants ne connaîtront plus vos douleurs. Vous avez travaillé dans la peine : ils travailleront dans la joie ! Tels sont les profits honteux du capitalisme, qu'en donnant chaque jour quelques heures seulement d'efforts, l'humanité satisfera ses besoins avec moitié moins de peines. Propriété et salariat, voilà les deux coupables ; la science a prononcé : délivré de ces deux formes oppressives, l'État remettra les hommes et les choses à leurs places et distribuera ses bienfaits à la société régénérée. »

Voilà, sans en retrancher une idée, le chant de triomphe du socialisme. Dépouillons-le des affirmations où se disputent la science et la poésie, et traduisons les mesures qu'il comporte en langage précis, que nous empruntons également au vocabulaire socialiste :

— La propriété est l'erreur la plus grossière d'une société mal faite ; elle vicie tout : il faut la détruire. L'État doit posséder le sol. Lorsque le sol aura été nationalisé, l'État se chargera de le faire cultiver ; mais le cultivateur n'aura aucun des droits de la propriété, il ne pourra s'approprier aucun des fruits du sol. Il sera payé par l'État en bons d'échange.

— La monnaie sera remplacée par des bons d'échange. L'État, chargé de diriger toutes les fabrications, comme il exploite aujourd'hui les tabacs ou les allumettes, délivrera à tous les travailleurs des bons proportionnés à leurs besoins : régulateur suprême des échanges, il sera le banquier et le moteur universel.

— Comme le citoyen ne possédera plus ni part du sol, ni monnaie acquise, qu'il ne pourra garder de bons d'échange au-delà de ses besoins immédiats, il est superflu de dire que l'épargne est supprimée et que l'héritage est aboli.

— Plus de propriété, plus d'héritages, plus de salaires, une vaste communauté agissant sous l'impulsion méthodique de l'État, voilà l'idéal du socialisme.

Sortons du rêve : revenons au bon sens : la confiscation universelle, l'abolition de la famille, tout travailleur devenu esclave de l'État, dont la tyrannie écrasera la société nouvelle, telles sont en réalité les chimères dont une poignée d'orateurs et d'écrivains nourrissent en ce moment les mécontents de toute classe et de tout sexe.

« Mais, dira-t-on, c'est là le but final des collectivistes. Les socialistes ne vont pas tous aussi loin. » Pardon : tous y tendent avec persévérance [3] ; tous attaquent la propriété individuelle, soutiennent qu'elle est responsable de tous les maux ; sous le nom de salariat, ils ne se lassent pas de la dénoncer, guettent les conflits entre patrons et ouvriers pour les envenimer, transforment chaque grève en bataille, font croire aux travailleurs qu'ils sont les héros de la cause sainte, les enivrent et les excitent, essayent par tous les moyens de ruiner le patron, voulant faire prononcer les déchéances de mines pour les rendre à l'État, rêvant la multiplication des monopoles, souhaitant que l'État exploite directement les chemins de fer, se fasse banquier à la place de la Banque de France, achète tous les blés produits par les cultivateurs français pour en régler le prix ; ils poursuivent en détail la réalisation de leur plan, et, comme ce bouleversement social, qui touche à tout, déplace tous les intérêts, supprime le ressort de l'activité humaine, ne peut être opéré qu'à l'aide de forces énormes, les socialistes attisent les haines, allument les convoitises, et cherchent à soulever, pour accomplir leur œuvre, le torrent des passions populaires.

III. — RADICALISME

Pour le radical, le parti socialiste est un nouveau venu dans l'arène. Les radicaux se considéraient comme l'extrême gauche nécessaire du parti : ce n'est pas sans une surprise mêlée de dépit qu'ils se sont vu dépasser. D'où venaient ces doctrinaires agités ? comment devait-on les traiter ? étaient-ce des adversaires ou des alliés ?

Le radicalisme avait lui aussi une méthode ; il avait toujours soutenu qu'il fallait commencer par les réformes politiques : abolition de la Présidence de la République et du Sénat, Chambre unique, comités, renouvelés de la Convention, exerçant le pouvoir ministériel ; puis, ces réformes préliminaires obtenues, l'impôt unique et progressif, la dénonciation du Concordat, les juges élus, la police entre les mains des municipalités, même à Paris et à Lyon, la durée des mandats réduite, les élections plus fréquentes répandant la fièvre électorale dans toute l'étendue du territoire, voilà le plan offert au pays, tel qu'il était franchement exposé dans les journaux et les réunions publiques.

En présence de ces mesures qui auraient bouleversé en quelques mois le pays et l'auraient jeté en pleine révolution, le vieux bon sens de la France s'est révolté. Le suffrage universel ne s'y est pas trompé : à six reprises, en 1875 comme on 1877, en 1881 comme en 1885, on 1889 comme en 1893, il a condamné la politique radicale avec une fermeté qui ne s'est pas démentie.

Le parti radical, se sentant battu et voyant les succès de la propagande socialiste, a modifié son langage et sa méthode ; il parle moins des réformes politiques, qui laissent, on n'en peut douter, l'électeur indifférent. Il insiste sur les souffrances du peuple, et par là il se rapproche du socialisme.

Si on observe les faits avec soin, il est évident que le radical a fait un accord avec le socialisme : tandis que son allié était chargé d'agir sur les masses et de les soulever, le radical devait présenter une à une les lois de destruction propres à préparer la révolution sociale. Le but était le même ; mais chacun gardait son rôle et sa

René Joison

clientèle. Cette tactique, destinée à rassurer les foules, à cacher le bouleversement final, ne manquait pas d'habileté ; si elle réussissait, la société pouvait être prise entre deux feux.

A la stratégie des politiques, le jeune parti socialiste ajoutait son activité infatigable ; multipliant l'action, il parle, écrit, répand les appels, au risque de dévoiler parfois ses plans et de mériter les reproches d'imprudence que déjà lui adressent tout bas les radicaux. Au fond, le radical est devenu l'opportuniste du socialisme : il lui prépare les voies, pallie ses violences et répare ses fautes, cherche dans son programme ce qu'il peut faire passer, et s'applique à découvrir les idées communes. Il n'adopte pas tous les articles de foi du socialisme, mais il y conduit tout doucement l'électeur. Passons en revue son programme. Que fait-il de la propriété ? Il n'ose l'abolir, mais il en limite les droits ; il borne l'héritage aux plus proches degrés, multipliant les cas où l'État hérite ; il élève les droits de succession en les transformant en une confiscation partielle.

La fortune mobilière est l'ennemie que partout il poursuit. La société anonyme est l'objet de ses défiances : le membre d'un conseil d'administration doit être frappé d'incapacité politique ; la Banque de France, sans laquelle notre crédit national eût sombré en 1871, doit être détruite au profit d'une banque d'Etat ; on doit racheter les chemins de fer, dont les réseaux fortement constitués ont offert aux petits capitaux un placement sûr et aux transports une bienfaisante régularité. Telle est la haine du radicalisme contre le capital, qu'il en poursuit la formation jusque dans ses germes, en manifestant le dédain de toute épargne.

Les projets de destruction ne sont rien auprès des illusions qu'il répand. Lui aussi promet à la fois le maintien des salaires, l'allégement du travail. N'étudiant ni les prix de revient, ni le cours des marchandises, niant les lois économiques quand elles l'embarrassent, supprimant les frontières quand elles gênent ses calculs, mêlant, suivant la tradition jacobine, la haine des rois à l'alliance des nations, mettant en interdit les facultés de production d'un peuple au profit de je ne sais quelle loi supérieure qui fixerait, suivant un tarif uniforme, les prix et les besoins, le radical dispose les résultats suivant son imagination, sans se soucier des statistiques, des chiffres et des budgets.

Il ne s'arrête jamais devant un calcul arithmétique ; ayant à tout propos le mot de science à la bouche, il paraît ignorer que toute science qui se respecte découle de l'observation des faits ; il méprise comme une objection sortie d'un esprit vulgaire tous les chiffres. Il promet à tous les vieillards une pension, à tous les ouvriers à 55 ans une retraite sur le budget de l'État, sans mesurer les ressources. L'État apparaîtrait, suivant lui, du berceau à la tombe, comme le banquier universel, qui dispense ses bienfaits, élève l'enfant, soutient l'adulte, nourrit le vieillard et joue le rôle d'une sorte de Providence laïque.

C'est le budget, c'est-à-dire l'impôt, qui porterait en dernière analyse le poids de toutes ces expériences. Et quel moment choisit-on pour de telles aventures ? Qui ne sait où en est la fortune de la France et quel problème s'impose à l'heure actuelle aux financiers ? Deux phénomènes contradictoires se heurtent et nous menacent : une réduction régulière du taux de l'intérêt, entraînant une diminution correspondante de tous les revenus privés, et en même temps une augmentation d'année en année des contributions publiques !

Et en pleine crise, tout l'effort de ces novateurs consiste à réduire l'initiative des citoyens, c'est-à-dire leur faculté de produire à l'heure où ils augmentent leurs charges ! Ils paraissent oublier que le Français paie déjà plus d'impôts qu'en aucun pays civilisé, qu'en augmentant les taxes on tue l'industrie, que la dette publique est de 33 milliards, que l'amortissement annuel est insignifiant, tandis que les États-Unis amortissent 500 millions par an.

Le radicalisme, avant-coureur du socialisme, menace donc tous nos intérêts matériels : revenus fonciers, propriété mobilière, fortune privée ou publique, tout est visé par les propositions actuellement soumises aux Chambres par les députés radicaux.

Que dire de nos intérêts moraux ? Des efforts accomplis pour affaiblir la famille, qui est le fondement de la société, le mariage, qui en est le lien ? de l'éducation de l'enfant qu'on propose d'enlever à la liberté du père ? du monopole de l'éducation qu'on voudrait relever au profit de l'État pour modeler l'esprit de l'enfant en le jetant dans un moule uniforme ? des théories abominables que la témérité d'un conseil municipal sans contrôle a pu mettre en

René Joison

pratique, comme l'éducation sans préjugés qui convient à l'avenir ?

Que penser d'un parti qui a une si misérable conception de la liberté de conscience, qu'il se plaît particulièrement aux querelles religieuses ? Dans notre société où chacun est libre de croire, le radical, se faisant persécuteur, veut déraciner la foi ; il trouve devant lui un traité de paix, le Concordat : il a hâte de le rompre pour être libre de transformer en guerre ouverte la lutte sourde où il se complaît.

Ainsi, partout, dans le domaine de la conscience comme dans le cercle des intérêts matériels, la compression, la haine, la guerre, voilà le programme d'un parti qui ne se distingue plus aujourd'hui du socialisme que pour frayer plus habilement sa voie et préparer plus sûrement son triomphe.

A la violence des idées ne tarde pas à répondre la violence des actes. Une campagne de haine aussi déchaînée devait amener des crimes : des assassinats ont été commis. Les coupables, fanatisés, se sont érigés en soldats d'une cause. Les arguments des socialistes et des radicaux contre le capital et la bourgeoisie ont été traduits en actes : ils ont inauguré « la propagande par le fait ». En quelques semaines, des bombes éclatèrent auprès des casernes, dans l'enceinte de la Chambre des députés, dans un restaurant, sur les marches d'une église ; enfin, le Président de la République fut assassiné, voilà ce que le parti de l'anarchie appelait des avertissements adressés à la société.

Certes, l'occasion était belle pour les socialistes et les radicaux. La mesure était comble ; l'opinion publique, indignée, appelait de leur part un désaveu. Pas un mot ne vint, pas un chef ne se leva pour protester contre les crimes. Dans les journaux socialistes comme à la tribune des réunions publiques, tantôt on osait accuser la police de complots factices, tantôt on plaignait le« malheureux qu'avaient poussé à bout les oppressions d'une société coupable. » Lorsque le successeur de M. Carnot fut l'objet d'attaques dont la violence sans précédents faisait pressentir de nouveaux attentats, quel est l'orateur qui osa se lever pour défendre devant la cour d'assises non un accusé, mais toutes les pensées qui aboutissaient au crime ? Ce fut le porte-paroles du parti socialiste. Il n'est pas un numéro des feuilles socialistes qui ne contienne de tels appels à la haine qu'entre ces écrits et la bombe il n'y a que la distance qui sépare la pensée du geste.

Dira-t-on que les esprits se calment ? En juillet, la bombe d'Aniche, jetée sur un patron entouré du respect public, a fait justice du misérable ; la population ouvrière a exprimé son horreur contre le crime. Peu de jours après, on a appris avec stupeur qu'il existait, dans la région, des syndicats, centres du radicalisme local, qui avaient résolu de porter des couronnes sur la tombe de l'auteur de la tentative d'assassinat !

Il y a peu de semaines, les attentats contre M. de Rothschild ont montré une presse radicale, socialiste, anti-sémite, unie dans l'excitation quotidienne au crime, déversant chaque matin l'outrage et la calomnie sur les mêmes personnes, menant une campagne de haine furibonde contre les capitalistes et, le jour où ses conseils ont été suivis, où le bras quelle a armé, le cerveau qu'elle a enivré, ont commis le crime, insinuant à l'envi que la police a tout dirigé, que le coup a été ridiculement préparé par elle, qu'il n'en restera qu'une « bonne histoire bien propre à divertir les petits enfants pendant les longues veillées du prochain hiver ! »

Hier encore, l'attentat de Carmaux a révélé le même état d'esprit. En face d'un patron luttant de sang-froid, pour la liberté et le salut de toute l'industrie française, tout un parti s'est dressé, l'injure à la bouche, répondant au calme par des outrages sans nom, ameutant les passions dans toute la France contre un homme et aboutissant à ce terme inévitable d'armer, à force de menaces, le bras d'un assassin. Le crime manqué, socialistes et radicaux ont-ils protesté ? Nullement. Ils ont obéi à un mot d'ordre, en jetant la suspicion sur la police, le doute sur l'attentat.

Nous ne sommes plus là en présence de théories ni de doctrines. On est passé à l'exécution. Des victimes sont tombées ; d'honnêtes gens, de bons citoyens, le Chef de l'État, ont payé de leur sang ces folies criminelles. Elles reprennent sous nos yeux, et le fait le plus considérable de ce temps, c'est qu'il demeure avéré que, depuis dix-huit mois, ni les radicaux, ni les socialistes ne les ont désavouées.

René Joison

IV. — CE QU'EST UN PARTI

Un historien a dit que l'erreur des hommes était toujours de croire les maux de leur temps incomparables. Je ne sais ce que pensera de nous la postérité ; mais si on réunit les attaques dirigées depuis dix ans contre la société et les actes commis dans ces deux dernières années contre elle, il nous semble qu'on trouve à la fois les menaces et les crimes les plus odieux qu'ait connus notre siècle.

Il ne faut jamais se lamenter dans le vide ni récriminer ; nul ne peut retourner en arrière. A quoi sert de se dire : « Il eût fallu agir plus tôt ! » Nous sommes en 1895 : il faut regarder en avant et calculer ce qu'on peut faire ; ce sera la mesure du devoir à accomplir.

Si les Français, comme nous en sommes convaincu, sont passionnément attachés à leur propriété, aux instruments de leur travail, à la famille, à leur foyer, si le sang versé leur fait horreur, s'ils veulent conserver autour d'eux tout ce qui constitue la civilisation, ils n'ont plus à délibérer : l'heure est venue d'agir.

Quand on veut constituer un parti avec toutes les conditions de la lutte et de la force, on examine ce qui a été fait dans les pays où ils sont vraiment organisés : aux Etats-Unis, en Angleterre, en Belgique. Nulle part on ne peut trouver de plus grands modèles. De l'autre côté de l'Atlantique, leur puissance (on l'a montré ici même) [4] va jusqu'à la tyrannie. En Belgique, ils fonctionnent avec une efficacité indéniable. En Angleterre, nous les avons vus de près, dans la lutte récente, manœuvrer comme un instrument de précision, ou plutôt comme ces immenses machines à vapeur dont les bras, les leviers et les pistons jouent sans bruit avec une puissance énorme, transmettant au loin la force dans tous les ateliers d'une usine. Nous aurions beaucoup Éprendre dans leur expérience séculaire. Nous pourrions montrer également l'œuvre des partis en Allemagne, et il serait facile de tirer du rapprochement de tous ces peuples des exemples qui seraient une leçon. Mais, en France, nous avons horreur des enseignements qui nous viennent de l'étranger. Notre orgueil souffre, et plutôt que d'imiter ce qui est bien chez nos voisins, nous nous plaisons à dire, pour clore la bouche aux dormeurs de conseils : « Nous ne sommes ni Anglais ni Belges ! » vérité irréfutable qui met fin au sermon. Ne parlons donc pas de l'étranger. La hardiesse active de nos adversaires nous présente cette fois un modèle qui nous suffit : c'est en France, c'est le parti socialiste qui nous l'offrira.

Des groupes locaux, tantôt un syndicat, tantôt des fédérations rassemblant plusieurs syndicats, représentent une ville ou un département. L'uniformité est bannie de cette organisation, qui varie suivant le nombre et l'activité des adhérents en chaque localité. Environ 600 groupes existent en France, comprenant 250 villes. Chacun vit de son existence propre, ne relevant que d'un pouvoir supérieur, qui s'intitule « Conseil national du parti ouvrier français. » Entre le Conseil national et les groupes ou syndicats, les relations ne semblent pas très fréquentes, puisqu'en quatre mois le secrétaire s'applaudit d'avoir échangé 2 948 lettres ou télégrammes, ce qui comporte une douzaine de lettres par jour en chaque sens, total assez maigre, on l'avouera, pour le gouvernement d'un parti qui compterait 600 groupes. En revanche, 500 conférences de propagande ont été faites, dans 212 villes, par 7 membres du Conseil national ; M. Guesde et chacun de ses amis ont fait en moyenne 71 conférences, soit environ 6 par mois. Ce chiffre ne s'appliquant qu'aux conférences faites par les membres du Conseil, est publié pour accroître leur prestige : aussi n'a-t-on pas essayé de rapprocher de leur œuvre celle de leurs auxiliaires. Quel est celui d'entre nous qui, circulant dans les communes des environs de Paris ou bien dans les régions agitées comme les agglomérations du Nord, n'a vu de petites affiches rouges annonçant des conférences ? Ces réunions, assez souvent périodiques, sont en tous cas très fréquentes ; elles constituent sur plus d'un point des cours réguliers de socialisme ; elles ont lieu sur l'initiative d'un groupe, et généralement elles servent à former dans une commune voisine un centre qui, après la série des conférences, acquerra son autonomie. On peut donc évaluer, sans exagération, à plusieurs milliers les séances tenues dans les villes et villages. La presse relève du Conseil national : aux anciens journaux qui donnent le diapason et qui exercent une influence dominante sur une province s'ajoutent des feuilles nouvelles d'un rang inférieur, puis les publications hebdomadaires et les revues mensuelles. Si la presse socialiste était dirigée avec autant de discipline que ses rédacteurs y consacrent de fécondité, l'effet serait prodigieux ;

René Joison

heureusement, les jeunes gens qui déversent dans ces feuilles et ces revues, nées d'hier, le trop-plein de leur imagination, sont le plus souvent des irréguliers qui s'enrôlent avec enthousiasme et qui, la campagne terminée, ne se réengagent guère ; souvent même la campagne ne s'achève pas. Le Conseil national ne se préoccupe pas de ces détails, il a d'autres soucis plus graves que n'ont pas les partis en Angleterre ou en Belgique. La politique extérieure tient une grande place dans ses délibérations : dans une déclaration qui rappelle les discours du trône, le dernier Congrès (Romilly, 9 septembre) a traité la question sociale en Belgique, félicité les Italiens, envoyé des avertissements au tsar et au roi d'Italie et crié « Merci et bravo » aux socialistes allemands ; mais, à côté de ces manifestations tapageuses, les rapports sur toutes les formes de la propagande, sur les élections, sur l'action du parti ouvrier, témoignent de l'activité du Conseil.

Faisons la part des exagérations : en fait de charlatanisme, les austères docteurs du socialisme sont passés maîtres ; néanmoins les faits sont là, il n'est pas permis d'en douter. On sait s'organiser en France, on sait mettre en commun des efforts, grouper les initiatives, en un mot constituer un parti. Il suffit de vouloir, c'est-à-dire de réunir un petit nombre d'hommes résolus, sachant mettre au service d'une idée leur activité et surtout leur dévouement. Ce serait une erreur de croire que pour réussir il est nécessaire, dès le début, d'être nombreux. Toutes les œuvres vraiment fécondes ont grandi lentement, comme les forces de la nature : sorties d'un germe, elles se sont développées peu à peu, se sont répandues, ont vu naître autour d'elles des rejetons, et, après quelques années d'efforts suivis, on demeure tout étonné de les voir multipliées et prospères. Mais il faut que le germe soit fécond, c'est-à-dire que les idées autour desquelles s'unit le parti répondent à un besoin, que le programme soit clair et attrayant, que les hommes inspirent confiance.

V. — PROGRAMME D'ACTION : LES IDÉES

Les partis qui se forment pour repousser une attaque violente sont tentés de mettre sur leur drapeau un seul mot : la résistance.

C'est là un écueil. Pour faire une œuvre de longue haleine, il est très périlleux de se contenter d'un programme négatif. Qu'en une heure de crise, au moment du danger suprême, on crée un parti de résistance, rien de plus nécessaire. En 1831, en juin 1848, ce parti n'a pas eu d'autre nom. Demain, il se peut que la France y ait recours ; mais nous ne parlons ici ni de guerre civile, ni des extrémités qui s'en rapprochent. Nous nous occupons du jeu normal des partis dans un gouvernement d'opinion, de la formation d'un groupe opposé au socialisme. Rien ne serait plus dangereux pour un parti que de prendre comme mol d'ordre des formules négatives. Il serait trop facile de l'attaquer en soutenant qu'il obéit à un intérêt, qu'il est l'esclave de la routine et du passé, que son rêve est l'immobilité d'une caste, son unique mobile l'égoïsme. Un parti qui serait fondé sur l'égoïsme pourrait avoir un jour de victoire : il serait assuré à bref délai d'une irrémédiable défaite.

L'homme ne s'attache, ne se dévoue qu'à ce qui lui montre l'avenir, lui promet l'espérance et la vie. Il lui faut un idéal. C'est là un besoin de sa nature ; qui le méconnaît est sûr d'échouer.

Poursuivant la conception de ce qui est parfait, il cherche sans cesse le mieux, il voit le mal et veut le réprimer ; il voit les lacunes et s'attache à les combler. Un perpétuel effort de réformes sur tout ce qui l'entoure est le signe de sa noblesse originelle.

Loin de blâmer les réformes, il faut que le parti conservateur en fasse le fond de son programme. Que ceci n'étonne pas ! Chez nos voisins du Nord, à Bruxelles comme à Londres, les grandes lois organiques de réforme ont été dues aux ministères conservateurs. Les radicaux ont, en tous pays, plus d'imagination que d'expérience : ils promettent des merveilles, excitent l'enthousiasme, parlent de vingt réformes à la fois, déposent sur le bureau des Chambres le produit de leur cervelle excitée ; les intrigants en font un jeu électoral ; quelques hommes sincères veulent obtenir un résultat, multiplient les efforts, mais ils doivent étudier, travailler, s'efforcer de convaincre autour d'eux, faire succéder à l'élan la persévérance, or, la suite et la patience ne sont pas des vertus radicales. Aux ardeurs du premier mouvement succède le découragement, puis l'irritation : étudiez l'état d'âme du radical : c'est un découragé aigri ; il a tout rêvé, tout cru possible, il s'était vu, en entrant à la Chambre, en possession d'une baguette magique ; on l'accuse d'avoir trompé ses électeurs, en réalité il avait commencé par se tromper lui-même ; il n'est pas de réforme qu'il n'ait crue prochaine ; puis il a reconnu que le temps et les choses créaient des obstacles qu'il fallait vaincre à force de volonté. Il n'aime pas l'effort, veut cacher son impuissance, il s'est mis à accuser les hommes.

Tout autre est l'action de ceux qui ont l'expérience de la vie ; ils savent les difficultés, se plaisent à les vaincre : ils ne sont ni rebutés par un délai, ni effrayés d'une étude. Ils ont à leur service cette force lente et irrésistible qui vient d'une bonne méthode. Tels les grands attelages de bœufs d'Auvergne qui labourent tout un champ tandis que des chevaux de course ne creuseraient pas un sillon. Le radical peut gagner un prix de vitesse, mais derrière lui il ne laissera jamais ni une œuvre ni une institution.

Sans remonter dans le passé, quelle leçon nous offre le présent ? Des Chambres affairées et bruyantes, des commissions surchargées de projets, une apparence de travail excessif, et en réalité le spectacle de la plus prodigieuse impuissance législative. Des promesses aussi irréalisables par le nombre que par la qualité, et, quand on cherche les résultats, un très petit nombre de lois. « Ce qui nous sauve, a dit un ardent polémiste, c'est que les Chambres ont une si mauvaise méthode qu'elles ne font rien. Que serait-ce, en vérité, si elles transformaient en lois les 800 propositions qui leur sont soumises ? La France serait perdue ! » Je ne connais pas de boutade plus vraie et plus désolante. Oui, nous serions engloutis sous une avalanche de lois mal faites. Ce serait l'anarchie instantanée ; mais d'un autre côté, dans le désordre qui retarde toute législation, combien de lois utiles, combien de lois urgentes qui sont arrêtées et cependant attendues, non par des politiciens mais par les services qui souffrent, par les intérêts qui gémissent, par la sécurité publique qui est menacée !

Nos pères ont dit avec résignation pendant des siècles : Si le roi le savait ! Nous répétons, à propos de réformes indispensables : Si les Chambres en étaient capables ! et ainsi croît de jour en jour, à propos de tout, dans l'ordre judiciaire aussi bien que dans l'ordre administratif, parmi les hommes de loi comme parmi les hommes d'affaires, un profond scepticisme à l'égard du travail législatif. Cette méfiance trop justifiée n'est pas le symptôme le moins grave de notre état politique.

V. — PROGRAMME D'ACTION : LES IDÉES

Pendant que les besoins s'accumulent, que rien ne se fait, tout ce qui pense réfléchit aux réformes nécessaires ; un travail s'accomplit lentement dans les intelligences. Les idées se mûrissent et se développent. Il y a beaucoup de points en quelque sorte acquis entre les esprits éclairés, des réformes toutes prêtes qui attendent, pour entrer dans nos lois, la fin de l'accès de fièvre radicale qui a créé la stérilité législative.

Ce serait une folie que d'entamer tout à la fois, mais il est bon de dresser l'inventaire de l'œuvre à accomplir, Rien ne peut stimuler plus sûrement les courages. Les radicaux et les socialistes ont la prétention d'être des réformateurs ; ils ne sont que des révolutionnaires. Il est temps de leur montrer que, résolus à les combattre, nous poursuivons, nous aussi, dans des réformes nombreuses et précises, ce qui n'est pas l'apanage d'un parti, ce qui est le but de toute œuvre humaine : la suppression de vieux abus, le rajeunissement de nos codes, en un mot l'introduction dans nos lois d'un peu plus de justice.

Au premier rang, nos codes criminels, intacts l'un depuis 1808, l'autre depuis 1832, appellent une révision. Recule-t-on devant cette tâche ? Il y a des questions pour ainsi dire tranchées : qui veut aujourd'hui conserver l'article 291 du code pénal interdisant toute association de vingt personnes ? Refuser la liberté d'association à une démocratie, c'est refuser l'air à un être vivant. La Révolution française, en voulant réagir contre les intolérables abus des corporations, a proclamé l'individualisme à outrance en méconnaissant le besoin qu'a l'homme de se grouper pour agir, elle a commis un non-sens. Depuis la chute de l'Empire, la France d'année en année s'est efforcée de briser les chaînes forgées en 1791 ; l'association, sous la forme commerciale, a obtenu la première, par une lutte vaillante, son émancipation ; puis est née la mutualité, enfin de nos jours le syndicat. De toutes parts, l'œuvre de la Révolution et de l'Empire est menacée ; mais le texte impérieux, la défense formelle reste debout : les mœurs de plus en plus libérales et la loi prohibitive sont en perpétuel conflit. Le gouvernement est maître absolu de se servir de l'article 291 ou de le laisser dormir. La tolérance et le caprice, voilà le régime actuel des associations en France. Il est temps de réclamer une loi générale, loi de principe, ayant ces deux qualités de toute bonne législation, l'égalité des

René Joison

droits, la garantie contre l'arbitraire.

En face de l'État tout-puissant, l'individu est écrasé. Il n'a d'autre alternative que d'être esclave ou révolté. En se groupant, le citoyen fait l'éducation de sa propre liberté, il apprend à agir, il ne maudit plus son impuissance. L'association libre, c'est le réveil pour le bien commun de forces jusque-là engourdies. C'est la vie et le salut, à la condition formelle que la loi établisse la plus large publicité, frappe sans merci toute société secrète, et protège efficacement l'individu contre les excès qu'est portée à commettre une association tyrannique.

Quelle est d'ailleurs la liberté qui sans freins n'enfante pas la licence ? Une expérience de quatorze années a prouvé aux plus aveugles l'insuffisance de la loi sur la presse. Inspirée par des radicaux répétant à l'envi que les journaux étaient impuissants, cette législation a assisté, sans l'arrêter, à un développement facile à prévoir et tout à fait alarmant de la diffamation ; il en est résulté un énervement des mœurs publiques, un effacement de la responsabilité dont tout le monde se plaint. Le fonctionnaire hésite et ne cherche qu'à se couvrir ; l'homme public, partagé entre la crainte de ses électeurs et la terreur des journaux, se tait ou s'abstient ; on ne trouve plus de candidat ; la parole et l'action n'appartiennent qu'aux audacieux ; ceux-ci élèvent la voix, couvrent celle de leurs adversaires, donnent aux discussions politiques l'apparence des luttes électorales, de toutes les formes de débats les moins propres assurément à éclairer les esprits. En réalité la loi de presse, en établissant l'impunité, a corrompu profondément et à tous les degrés nos mœurs publiques. Malgré les lacunes nécessaires à combler, c'est moins aux textes qu'il faut s'en prendre qu'à la compétence de la Cour d'assises ; c'est elle qu'il faut modifier.

Les provocations à des crimes se rencontrent fréquemment dans les colonnes des journaux socialistes. Elles remplissent les feuilles anarchistes. Le ministère public ne poursuit pas, parce qu'il redoute les acquittements. Il en résulte qu'une menace de mort écrite dans une lettre ou proférée devant témoins est suivie d'une répression certaine, tandis qu'une menace bien autrement terrible parce qu'elle est répandue à cent mille exemplaires circule librement, protégée par l'impuissance reconnue de la juridiction compétente. Il n'est pas un esprit réfléchi qui hésite un instant à considérer cette impunité comme un intolérable privilège portant atteinte à l'égalité des droits et à la sécurité des citoyens. La loi de 1881 n'est pas une loi de justice : c'est une loi de réaction, sortie de cerveaux agités, qui méconnaît les intérêts dont l'État est gardien et qu'il est urgent de réviser.

L'organisation du jury, dans son ensemble, appelle au plus haut degré l'attention du législateur. Ce n'est plus là une question politique. Que le jury se montre trop indulgent devant certaines accusations, le reproche est banal, à force d'être ancien. Mais depuis peu, la faiblesse s'étend, les variations se multiplient. Notre justice criminelle, ce qui est très grave, n'inspire confiance ni aux magistrats qui l'appliquent, ni à la société qu'elle protège. Les partisans convaincus de l'institution même du jury, ceux qui craignent de confier aux magistrats permanents les procès criminels, pensent qu'il n'est que temps de songer à une meilleure formation des listes de jurés. Il faut que le suffrage universel en prenne son parti : en matière de jury, le nombre ne vaut rien, l'élite est tout. Une bonne loi doit assurer la sélection des meilleurs. Ce principe heurte les préjugés en cours. Les listes sont faites avec un tel dédain de la bonne justice qu'un tirage au sort dans la liste électorale, de tous les systèmes le plus déraisonnable, et que nul n'entend proposer, donnerait peut-être un résultat plus satisfaisant que la sélection à rebours qui exclut aujourd'hui de la liste de certains cantons tout homme indépendant.

Le code d'instruction criminelle [5] appelle diverses réformes. Les énumérer nous entraînerait trop loin. Comment du moins ne pas signaler les pouvoirs sans frein ni responsabilité du juge d'instruction ? la nécessité de rétablir, sous une forme quelconque, le contrôle, aboli en 1856, de la Chambre du conseil ? l'urgence de restreindre le pouvoir illimité du secret ? Réfléchit-on qu'un inculpé peut être maintenu trois mois, six mois dans le secret le plus absolu sans pouvoir introduire un recours ? De tels procédés, loin d'être une force pour la magistrature, se retournent contre elle. Déjà sous l'Empire, et depuis plus de vingt-cinq ans, on agite sans cesse ces problèmes si complexes sans les résoudre.

Mais que dire du code pénal et des lacunes qui éclatent à tous les yeux ? Certains châtiments ont perdu leur efficacité et nous les conservons par routine : la peine la plus sévère, après la mort, est celle des travaux forcés qui est subie à la Nouvelle-Calédonie ; attirés par le mirage d'un séjour en lointain pays, dans un climat sain, avec les chances d'évasion de plus en plus grandes [6], les coupables souhaitent l'envoi au bagne et ne redoutent rien tant que la réclusion subie dans la maison centrale, d'où nul ne s'enfuit. Ce renversement des peines a les conséquences les plus graves ; il trouble profondément la justice pénale. Dans un temps où un courant porte le Français vers la colonisation, il faut profiter de cet attrait pour faire du séjour dans l'une de nos colonies la récompense de la bonne conduite du condamné et non le prix du crime.

L'état des prisons explique douloureusement les progrès de la récidive. A l'heure actuelle, un mécanicien, un aiguilleur condamné pour blessures par imprudence est renfermé, sauf en de rares villes, avec les pires récidivistes. Et cependant nous étudions depuis soixante-quatre ans la réforme pénitentiaire et le régime cellulaire qui fonctionne chez nos voisins !

Si des grands coupables nous passons au vagabondage, cette école primaire des criminels, nous voyons l'une des plaies les plus graves de notre état social. Quel est le département de France où l'on ne constate l'accroissement des vagabonds ? Assurément, il y a plus d'une cause : les énumérer serait passer en revue toute notre organisation, depuis le gendarme absorbé par le souci d'assurer le service militaire universel jusqu'au juge qui répugne à tenir pour un délit punissable le fait de ne pas travailler. Qui conteste aujourd'hui que la police rurale, de tout temps médiocre, est devenue, depuis l'élection des maires, fort insuffisante ? Qui ne demeure frappé, en présence de dix ou vingt condamnations inscrites sur un casier judiciaire, de l'inefficacité de la prison ? De deux inculpés de vagabondage, l'un est un ouvrier sans ouvrage, il faut l'acheminer vers une hospitalité du travail, l'autre est un incorrigible, il faut le punir sans merci. La loi pénale a fait ces distinctions dans les pays qui nous entourent. Seuls, nous sommes en arrière sur tous nos voisins, en retard sur la civilisation, au grand détriment de l'ordre public.

En veut-on un exemple plus frappant ? La loi de 1837 sur les aliénés a réalisé un grand progrès, en mettant ces malheureux sous la protection de la justice et de la science ; mais elle a négligé une catégorie que multiplie le développement de l'alcoolisme : les aliénés criminels. Un aliéné a commis un meurtre ; il est acquitté et renvoyé dans une maison de santé ; à l'abri des excitations, il se guérit. Le médecin est obligé de le mettre en liberté. Nul ne peut s'opposer à sa sortie, alors que le médecin, lui-même, est certain que la rechute prochaine amènera un nouveau crime. Aliénistes et magistrats, jurisconsultes et spécialistes, tous sont d'accord : il est urgent de soumettre, comme l'ont fait les législations étrangères, les aliénés criminels à un régime spécial. Voilà trente ans qu'on le demande, vingt ans qu'on s'en occupe, dix ans que le Sénat l'a voté, sans que le gouvernement et la Chambre s'en soient préoccupés, sans qu'on aboutisse !

L'organisation judiciaire est depuis un quart de siècle l'objet de méditations constantes. Les esprits les plus compétents, le duc de Broglie dans ses « Vues sur le gouvernement de la France », Prevost-Paradol et tant d'autres, ont exposé les réformes nécessaires. Il y a des réformes sur lesquelles l'accord est absolu. Relever le niveau des juges de paix, assurer un meilleur recrutement afin de préparer l'extension de leur compétence, tel est le but poursuivi par tous les écrivains, par tous les jurisconsultes. Diminuer le nombre des petits tribunaux n'est-ce pas un second point généralement admis ? Les magistrats inoccupés sont la plaie de nos juridictions inférieures. Quoi de plus déplorable que l'effort en vue d'accroître fictivement la statistique des affaires afin de faire croire à des audiences chargées ? La dignité en est atteinte aussi bien que la valeur de la justice. « Mais, s'écrie-t-on, on ne peut enlever à l'arrondissement son tribunal ! » Nous avons expliqué ici même [2] comment le juge appartenant au tribunal du chef-lieu de département viendrait tenir régulièrement ses audiences, grâce aux chemins de fer, au siège d'arrondissement. Ce projet, qui a surpris quand M. Dufaure l'a présenté, n'étonne plus personne ; une heure de trajet en chemin de fer n'effraye plus, en un temps où la circulation a pénétré dans les mœurs. Ce système satisfait à la fois la petite ville, qui ne perd pas son tribunal, et les intérêts du justiciable, auquel on assure un juge plus expérimenté. Si on ne se hâte pas de prendre ce parti, on ira à un bouleversement bien plus radical.

Le choix des magistrats appelle, on le sent chaque jour davantage, des réformes sérieuses. Hier, le garde des sceaux, obéissant à une

René Joison

inspiration désintéressée, cherchait à limiter sa propre autorité ; de tout temps l'abus des sollicitations nous a alarmés, mais le mal a pris, depuis l'épuration radicale de 1883, des proportions lamentables. Le juge a perdu toute stabilité. Il s'est fait un déclassement. Autrefois les magistrats attachés à une province avaient à la fois le respect de la tradition et de leur propre mission. Ces deux sentiments qui faisaient la force de la magistrature ont été cruellement atteints par le coup porté à l'inamovibilité. L'influence des députés dans les bureaux de la chancellerie a accru le désordre, pendant que vingt-sept gardes des sceaux depuis M. Dufaure, apportant tour à tour leurs clientèles, et faisant succéder leurs préférences, accoutumaient les compagnies à ne plus tenir les premiers présidents pour leurs intermédiaires naturels et excitaient les magistrats de tous ordres à chercher des avocats auprès du ministre de demain. Pour un garde des sceaux, digne d'occuper la place des Pasquier, des de Serres, et des Dufaure, il y a une grande œuvre de relèvement moral à accomplir. Ni la loi, ni le règlement, ni la circulaire ne peuvent suffire à rendre au corps des juges le respect des vertus professionnelles ; mais il faut user de tous les moyens, employer la volonté la plus ferme, la plus patiente, se proposer un but très haut, ne pas reculer devant les responsabilités et avouer très franchement son dessein. Il faut au ministre qui fera à son nom l'honneur de cette grande tâche, un mérite et une chance : le courage d'agir et une durée qui dépasse dix mois.

Ce qui précède n'est que le résumé des modifications universellement demandées. Sur tous ces points, nous ne craignons pas de l'affirmer, l'opinion des hommes compétents est faite. L'organisation judiciaire appelle une bien autre réforme ; une démocratie a besoin d'un pouvoir judiciaire plus fort qu'une monarchie. C'est là une vérité qui étonne autour de nous et qui est courante de l'autre côté de l'Atlantique. Notre constitution ne sera achevée que le jour où elle aura confié la garde de nos lois à une cour suprême, ayant les attributions de la cour fédérale des États-Unis et maîtresse, comme elle, d'arrêter les empiétements du pouvoir législatif [8]. Admettre qu'un parlement peut tout est une maxime révolutionnaire et tyrannique ; entendue de la sorte, la souveraineté du peuple conduit au pire des despotismes, celui d'un millier de despotes médiocres et irresponsables. Fixer un certain nombre de principes auxquels ne pourrait pas déroger la loi et en remettre la garde à la Cour de cassation réunie à la section du contentieux du Conseil d'Etat, c'est-à-dire instituer au sommet de l'État un corps accueillant tous les recours, interprète suprême de la justice et du droit, voilà le but que doivent poursuivre tous ceux qui réfléchissent et qui prévoient.

L'organisation administrative peut-elle nous laisser indifférents ? Là aussi il y a des réflexions devenues banales, des vœux auxquels tous adhèrent. On parle de décentralisation : le mot est mauvais, il est équivoque et fait naître des désaccords. La centralisation, c'est le résultat de notre histoire tout entière ; c'est l'œuvre de six siècles ; c'est la force d'impulsion du gouvernement, le ressort de toute organisation, le lien de l'armée et de la patrie. Aucun esprit réfléchi ne veut attaquer ni encore moins détruire les hiérarchies qui mènent de degré en degré au pouvoir central, mais on est alarmé de voir toutes les affaires réglées à Paris. Il est mauvais que tout pouvoir s'exerce au centre ; il est bon que tout recours y aboutisse. La centralisation judiciaire est-elle atteinte dans ses parties vives et essentielles parce que le juge de paix a dans le fond d'un canton ou le tribunal dans l'arrondissement un pouvoir propre ?

Ce qu'on demande unanimement, c'est la « déconcentration », le mot est admis ; il s'agit de diminuer la congestion qui porte le sang avec excès au cerveau.

Une observation attentive des faits, la patience de noter les décisions qui peuvent être remises aux pouvoirs locaux, voilà l'œuvre préalable. A la suite de cette analyse viendront les mesures législatives ou seulement ministérielles qui allégeront les charges et remettront chaque chose à sa place.

Les lois administratives ont deux objets : le premier est d'organiser une bonne administration ; le second est d'initier les citoyens aux affaires, de leur apprendre à se conduire, de les intéresser à la chose publique et d'en faire des membres actifs et éclairés d'une société qui déclinerait s'ils étaient négligents, et qui périrait s'ils cessaient de s'en occuper. Satisfaire à ces deux besoins est le signe d'une bonne réforme administrative.

Le domaine dans lequel s'exerce l'autorité municipale, c'est la gestion des intérêts communs ; c'est en ce sens que peut se développer l'autonomie des communes, mais la sécurité des citoyens, la justice pénale, n'appartient qu'à l'autorité centrale et ne relève que de ses agents. Confondre ces deux domaines, c'est l'anarchie.

Le radicalisme se plaît à tout critiquer et à faire table rase. De toutes les méthodes, c'est la plus périlleuse. Au lieu de courir les aventures, il faut étudier de près le mécanisme, relever les frottements, et se borner, s'il est possible, à rapporter des pièces de rechange. Transformer par à-coups les institutions d'un peuple, c'est une témérité qui est toujours sévèrement punie. Prenons quelques exemples de réformes partielles nécessaires.

Paris s'étend de plus en plus. Des espaces très habités demeurent sans protection et sont la proie des bandits. La juridiction de la Préfecture de police est restée la même ; il faut l'étendre jusqu'aux confins de l'agglomération parisienne et l'enlever à l'influence du Conseil municipal de Paris.

La police à Paris et à Lyon est bien faite ; ailleurs, elle appartient au maire et elle vaut ce que vaut la municipalité elle-même : sage et éclairée à Bordeaux, elle est intermittente à Toulouse, entre les mains d'un parti à Marseille ou à Roubaix. La police ne doit pas être livrée aux hasards des élections ; les citoyens, qu'ils habitent à Paris ou ailleurs, ont un droit égal à la protection des lois. Il n'est pas tolérable qu'en certaines villes les procès-verbaux dressés contre les électeurs d'un parti puissent être supprimés, que l'action du ministère public soit paralysée par les intérêts électoraux. Tous ceux qui ont vu de près l'administration de la justice dans les grandes villes demandent que la police soit enlevée aux maires. La municipalité de Lyon exerce-t-elle une influence moins considérable parce qu'elle en est déchargée ?

Les progrès ne doivent pas se borner aux institutions existantes, aux organisations qui fonctionnent : outre les réparations aux anciennes machines, il y a, autour de nous, des besoins nouveaux à satisfaire, des mécanismes à créer. Dans l'ordre du travail, quelle ne serait pas notre imprudence si nous fermions les yeux aux nécessités qui ont apparu autour de nous ? Opposons-nous sans merci au socialisme, qui veut charger l'État de toutes les fonctions, ne promettons au peuple aucune réforme chimérique (ce qui est le plus sûr moyen de conquérir ses bonnes grâces), mais ne refusons pas de voir et de résoudre les difficultés que ne connaissaient pas nos pères. Toute une école vit du conflit entre le travail et le capital. C'est à nous, qui croyons fermement que la loi du progrès repose sur l'harmonie des intérêts, à préparer des lois sur la conciliation et sur les conseils d'usine, sur le contrat de travail et sur les grèves. Il faut que ces lois entretiennent l'accord, le rendent nécessaire et empêchent les querelles. Multiplier le contact, voilà le moyen de prévenir les malentendus, en montrant à l'homme aigri, qui oppose les noms de patrons et d'ouvriers, ce qu'est le cœur de l'homme, qu'il batte sous la redingote ou la blouse. La loi doit faciliter la création de tout groupe qui rapproche les classes : sociétés coopératives de consommation ou de construction, emploi sage d'une partie des fonds d'épargne, combinaisons de retraites, mutualités, voilà les instruments perfectionnés qu'il faut mettre aux mains des travailleurs. Tout effort en vue d'une action précise, d'un progrès défini, améliore celui qui l'accomplit et apporte une force à la société.

« Réformes secondaires ! nous dira-t-on. Vous ne parlez pas des principales, de celles qui régleront le travail législatif, c'est-à-dire d'un changement du mécanisme parlementaire qui seul enfante l'impuissance ! » N'entendons-nous pas les plaintes d'un mauvais ouvrier qui accuse de tous ses échecs l'outil dont il dispose ? Le régime parlementaire ne donne que ce que lui envoie le corps électoral [2]. Il n'a pas la vertu de rendre de bonnes lois à un pays qui nomme pour les faire une majorité d'esprits médiocres. Tant que l'immense majorité des électeurs de France, qui veut un gouvernement sage, respectueux des droits, soucieux d'améliorer les lois, n'aura pas considéré que le premier de ses devoirs est de préparer les élections, d'agir et de voter, nous serons victimes d'une minorité remuante et agitée.

Le jour où une majorité courageuse conduite par des esprits résolus sera entrée au Parlement, une méthode de travail entièrement nouvelle devra être sur-le-champ adoptée. Le règlement de la Chambre, entièrement refondu, limitera exactement les questions à une formule imprimée d'avance, acceptée par le ministre, distribuée la veille et d'où le député ne pourra pas s'écarter ; formule très brève, suivie d'une réponse aussi courte, sans réplique ni transformation on interpellation. Il serait étrange que les Français ne pussent se contenter d'un système que le Parlement d'Angleterre a reconnu pratique. Les interpellations, qui sont très bonnes et très utiles quand elles sont faites à propos, auraient lieu après un examen préalable et un vote des bureaux qui en auraient reconnu l'utilité. Les propositions d'initiative parlementaire seraient soumises non plus à une commission indulgente et banale, mais à un comité composé des présidons de bureaux et présidé par le président de la Chambre. Débarrassés ainsi des obstacles qui empêchent le travail utile, les députés seraient plus disposés à accomplir leur vraie tache ; voter le budget et les lois indispensables à la sécurité publique ; ils ne seraient plus atteints par le découragement qui aujourd'hui paralyse tant de bonnes volontés.

La réforme législative serait-elle complète ? Le Parlement, grâce à cette révision du règlement, aurait-il acquis la puissance et la régularité du travail ? Bien aveugle qui le supposerait. La meilleure des assemblées délibérantes, dans le pays le plus éclairé, est impuissante si elle n'a pas des chefs qui préparent ses travaux, lui demandent à l'heure dite l'effort qu'elle doit accomplir, mesurent sa tâche et collaborent avec elle. Ces chefs, ce sont les ministres ; c'est le comité d'hommes spéciaux et responsables qui, animé de l'esprit de la majorité, n'est pas seulement chargé d'administrer de grands services publics, mais reçoit la mission trop souvent négligée de diriger jour par jour les travaux de la Chambre. Si, craignant un vote contraire, le comité est paralysé par la terreur d'un renversement, si, au lieu de conduire la Chambre, il prend le parti d'attendre pour agir le caprice de la majorité, il n'y a plus de régime parlementaire, mais un système bâtard incapable de rien produire ; bien plus, il n'existe plus de gouvernement, dans la réalité du terme. La faiblesse est à l'ordre du jour ; les députés pénètrent, sous prétexte d'enquête et de commission du budget, dans l'intérieur des ministères pour y porter la désorganisation : leur ingérence encouragée par les ministres n'a plus de bornes : ils se mêlent de tout, veulent voir les dossiers, dicter les réponses et préparent dans le sein des services les armes dont ils se serviront pour s'emparer des portefeuilles que, rapporteurs du budget, ils auront convoités. Les ministres attendent tout du hasard d'un scrutin : pour ceux qui sont chargés de gouverner et de prévoir, il n'y a plus de sécurité ; l'omnipotence d'une assemblée médiocre désorganise l'administration à tous les degrés : ni ministres, ni directeurs, ni préfets ne peuvent suivre une politique ; l'instabilité crée l'impuissance, et comme tout dépend d'un vote, il n'est pas de concessions que, dans les couloirs ou dans son cabinet, le ministre ne soit prêt à faire. C'est encore une fois la destruction de toute autorité.

Il suffirait, dit-on, que les ministres ne pussent faire partie du Parlement pour mettre fin aux renversements de cabinet ! — Ce jugement, nous en sommes convaincus, ne tient nul compte du caractère des hommes. Le mal ne serait que déplacé. Les politiciens en quête d'un ministère auraient une clientèle dans les Chambres qui agirait, solliciterait, intriguerait pour leur compte et renverserait les ministères comme par le passé. Au lieu d'opérer pour lui-même, le député opérerait pour un complice. Le désordre serait aussi grand et le pouvoir ministériel descendu d'un degré serait encore affaibli.

Les mœurs politiques, c'est-à-dire la discipline d'un parti bien organisé, peuvent seules remédier à la déplorable instabilité des ministres. Pour hâter le jour où nous verrons parmi nous un pouvoir durable, il n'y a qu'un moyen : il est au service du premier cabinet ayant quelque courage. Le président du Conseil annoncerait qu'il ne se retirera que devant un ordre du jour motivé, préparé dans les bureaux, publié d'avance, ayant le caractère d'une sorte de jugement sur la politique générale du ministère, jugement délibéré et rendu par la majorité. Aux coups fourrés du hasard, aux renversements imprévus, aux questions de détail devenues la cause ou le prétexte de crises ministérielles, serait substituée la franchise de votes émis en pleine responsabilité ; des ministères seraient encore renversés, mais on verrait clair, au lieu de sauter dans l'inconnu. Quand de mauvaises habitudes sont prises, qu'elles se sont prolongées plusieurs années, il faut une initiative peu commune pour rompre en visière avec elles.

Le Sénat doit reprendre sa place et son influence : cette réforme qui est à elle seule toute une politique porterait sur la composition de la Chambre haute et son rôle dans le gouvernement. Le Conseil d'Etat, qui semble oublié, devrait aider à la préparation, devenue si défectueuse, de nos textes de lois. Nous avons des institutions ;

René Joison

nous ne nous en servons pas, ou plutôt nous laissons une assemblée omnipotente et médiocre envahir tous les pouvoirs et les absorber.

Se rencontrera-t-il un groupe de ministres puisant dans leur patriotisme la force de caractère qui peut nous sauver de maux irrémédiables ? Comment en douter, s'il existe en France des hommes ayant assez de clairvoyance pour mesurer l'abîme où nous mène le jeu si imprudemment joué depuis tant d'années ? s'ils écoutent ce que chacun dit d'administrations désorganisées par des changements perpétuels, de la Guerre dirigée depuis 1871 par vingt et un ministres, de la Diplomatie par vingt-deux ministres des Affaires étrangères, de l'Intérieur voyant se succéder trente-sept titulaires ? Quelle est l'industrie privée, si forte fût-elle, qui serait en mesure de résister à la mobilité incessante de directeurs demeurant en moyenne pendant huit mois en fonctions ?

Tels sont, au milieu des abus qui éclatent à tous les yeux, les maux les plus graves, tels sont les premiers remèdes.

Les progrès que nous venons de résumer suffiraient à faire l'honneur de la génération qui les accomplirait. Après les avoir énumérés, on demeure en vérité stupéfait de constater que sur presque toutes les questions l'accord est fait entre ceux qui pensent. Réunissez, en 1895, cinq à six personnes éclairées ; interrogez-les sur nos codes, sur nos lois organiques, sur les besoins actuels, sur les problèmes qui nous entourent. A peu de nuances près, les solutions seront les mêmes. C'est là un phénomène d'une portée considérable. Si, en effet, dans un pays que divise le souvenir de tant de querelles, les intelligences se rencontrent pour porter le même jugement sur une série de réformes, il est certain que ces réformes si fortement souhaitées ne tarderont pas à prévaloir. Quand on constate cet accord sur le but à atteindre, comment désespérer de la formation d'un parti également résolu à combattre les chimères du socialisme et à introduire dans les lois, avec un esprit autrement politique que les faiseurs de promesses ridicules, ce qui est le but et l'essence de toute civilisation : un peu plus d'ordre et de justice ?

VI. — PROGRAMME D'ACTION : LES HOMMES

Pour faire un parti, il faut des idées et des hommes. Nous venons de voir comment, sans s'en douter, les adversaires du socialisme sont d'accord, non sur un programme négatif, mais sur un ensemble de réformes positives dont il suffisait d'énoncer les éléments. Les bonnes volontés ne leur manquent pas davantage.

De tout temps les découragés ont répété qu'il n'y avait pas d'hommes ; mesurant les autres à leur taille, ils ne voient autour d'eux que lâcheté et dégoût. Qu'ils apprennent à mieux regarder, et ils découvriront tout ce qui, en France, produit des forces vives sans réclames, tout ce qui agit sans parler. Nous avons autour de nous des trésors inconnus, des réserves de fécondité qui feraient la fortune d'un peuple.

Ne faisons pas ici le recensement de la charité pure : elle demeure un secret entre celui qui donne et celui qui reçoit. Parlons des efforts accomplis par l'homme en vue de contribuer à l'amélioration du sort de son semblable. La vie en commun comporte un échange incessant de services. Le cultivateur récolte le blé, le boulanger fait cuire le pain, le maçon construit une maison, le tailleur confectionne un habit ; l'homme aisé paye tout ce travail qui sert à le vêtir, à le loger et à le nourrir. Mais le salaire donné, il n'est pas quitte : il doit en sus un peu de cette science qu'il a acquise et qui n'a de valeur que s'il la partage avec des ignorants. Pendant que pour lui les ouvriers travaillaient de leurs mains, ont-ils pu apprendre les conditions de l'épargne, ses moyens et ses résultats ? Lorsque M. Benjamin Delessert et M. de la Rochefoucauld-Liancourt ont introduit en France les caisses d'épargne, ils rendaient un service incomparable à tous ceux qui vivaient d'un salaire. Comment, à eux seuls, les ouvriers ont-ils pu deviner les avantages de l'association pour mettre en commun les risques de maladie, pour diminuer le prix de la vie, pour trouver des prêts ? Ce sont les fondateurs des sociétés de secours mutuels, des sociétés coopératives de consommation et de crédit qui ont apporté aux travailleurs ces soulagements, à la civilisation ces progrès. C'est à ceux que le travail quotidien n'absorbe pas à résoudre ces difficiles problèmes. Pour y réussir, il faut du temps et du capital disponibles : ils possèdent l'un et l'autre. Ce qui a été accompli, grâce à eux, en ce siècle est prodigieux : l'épargne et la mutualité sous toutes leurs formes produisent des résultats que nous avons pu mesurer en 1889 à l'Exposition d'économie sociale. Le mouvement qui emporte en ce sens les intelligences est général. Allez en Angleterre : vous trouverez des Français qui suivent le mouvement des *trades unions* ; d'autres qui examinent les habitations à bon marché et rapportent des plans en France ; allez en Lombardie, en Allemagne : vous en rencontrerez qui étudient le mécanisme des banques populaires et la variété de leurs formes ; observez les efforts vaillants des maîtres de forges de France assurant leurs ouvriers contre les accidents ; voyez les merveilles produites par les restaurants populaires de Lyon ; examinez l'assistance par le travail à Marseille, à Bordeaux, à Lille et à Paris. Il y a eu France un nombre extraordinaire d'hommes voués à ces problèmes, jaloux de leur libre initiative, sachant en user, ne demandant à l'État que la liberté générale, une cohorte de bonnes volontés à l'affût du progrès à accomplir, y employant leur vie, fiers d'améliorer à force de dévouement la condition humaine.

C'est là qu'il faut aller chercher les éléments du parti conservateur. Il ne convient pas de le recruter parmi les politiciens en disponibilité, las des campagnes d'hier et en quête de celles de demain : il s'agit de trouver des troupes fraîches, des cœurs chauds, des convictions ardentes qui cherchent dans l'action politique, non la satisfaction d'une ambition doublée de vanité, mais un moyen d'obtenir deux résultats également nécessaires : remettre l'ordre dans la société et réaliser le bien dont ils ont en eux la conception.

Nous avons énuméré quelques-uns des services que peuvent rendre au travailleur de tels hommes. Si chacun d'eux agissait de la sorte, il n'y aurait pas de socialistes. Pour faire un parti de résistance aux passions révolutionnaires, il faut avant tout multiplier dans toute la France cette race d'hommes actifs, dévoués, pensant à autrui, suscitant des œuvres de désintéressement et ne permettant pas aux radicaux de dire, ce qui est leur grand argument, qu'ils combattent une classe d'êtres au cœur sec, de riches vivant dans le luxe, le plaisir et l'égoïsme.

« Nous voilà loin, me dira-t-on, de la politique. Vous voulez réformer les mœurs. » Assurément il faut refaire nos mœurs pour faire de bonne politique. Tenter de constituer un parti conservateur sans que ses membres ressentent une préoccupation profonde des souffrances d'autrui, c'est une entreprise aussi vaine qu'inutile. Que d'autres consument leurs efforts à créer entre les fortunes menacées un syndicat de défense, ce n'est pas cela dont nous nous soucions.

La tâche est bien plus haute : il s'agit de répandre ces sentiments de solidarité, d'intérêt et de sympathie mutuels sans lesquels aucune société ne peut vivre, encore moins une démocratie que toute autre, et dont la plus haute expression est contenue dans le précepte divin : « Aimez-vous les uns les autres. »

Dans ces activités dépensant leur vie au service d'autrui, quoi de plus aisé que de trouver les cadres du parti conservateur ?

Mais, encore une fois, il faut qu'entre le socialiste radical, qui promet tout et le conservateur qui promettra un peu, il y ait un contraste qui éclate à tous les yeux. L'un apporte des engagements qui contiennent autant de déceptions, des phrases éternellement démenties ; l'autre doit montrer des résultats tangibles, des œuvres précises, des fondations fécondes qui répondent pour lui. L'un multiplie les paroles, l'autre rend des services.

VII. — MOYENS DE PROPAGANDE

Un parti, quand il est constitué, ne manifeste son action, ne répand ses idées que de deux manières : il écrit et il parle ; mais combien peuvent varier les formes des publications et les conditions dans lesquelles agit la parole ! De la presse, nous ne dirons qu'un mot : c'est la forme la plus efficace de la propagande, mais en même temps c'est la plus coûteuse, celle qui demande le plus d'efforts et les sacrifices les plus lourds. Là où elle peut être employée, il n'y a pas à hésiter à s'en servir. Le journal local à 5 centimes, trois fois par semaine ou hebdomadaire, groupe tout naturellement autour de lui une clientèle, la tient en haleine, éveille ses sympathies, crée des liens et prépare l'action. Il existe en ce moment un nombre considérable de feuilles locales combattant de la sorte ; mais entre elles aucune relation n'est établie. Ce défaut d'entente fait leur faiblesse. Une correspondance qui leur serait adressée chaque semaine faciliterait la tâche du rédacteur, lui apporterait, à dates fixes, au moment où se prépare le numéro hebdomadaire, les dernières nouvelles, avec le diapason juste. Ces forces isolées seraient décuplées si elles étaient groupées.

Un parti bien organisé devrait s'attacher aux publications populaires.

René Joison

On remplirait une bibliothèque en collectionnant ce que les socialistes ont fait paraître depuis deux ans, c'est-à-dire depuis leur levée de boucliers. Dans le flot de brochures qui se publient, il y a peu d'ordre : formats, titre, tout est assez disparate. Les Anglais ont une méthode digne d'être imitée. La société puissante qui s'est créée chez nos voisins pour résister au socialisme, sous le nom de *Liberty and Property Defence League*, a fait deux sortes de publications dont la dimension et l'objet varient profondément : les unes forment des brochures assez étendues, pleines de citations, destinées aux hommes éclairés qui étudient les questions pour s'instruire et afin d'être en mesure de réfuter les idées fausses ; les autres sont très courtes, très précises ; destinées à la vulgarisation, elles sont rédigées en un style fort clair et ne traitent à la fois qu'une seule question : elles s'adressent aux ouvriers, aux paysans. Des millions d'exemplaires de l'une et de l'autre variété ont été répandus en Angleterre depuis quelques années. En ce moment, un effort de ce genre s'accomplit parmi nous. Avant peu, ceux qui luttent contre le socialisme auront à leur disposition des brochures, des « tracts », des almanachs populaires. C'est un instrument de lutte indispensable et que nous ne possédions pas.

Quel que puisse être le soin avec lequel les brochures seront distribuées ou vendues, il n'est rien de tel que la parole pour déterminer la conviction. Que ce soit au nord ou au midi, dans une ville populeuse ou dans un village, l'auditeur est toujours le descendant de ces Gaulois qui aimaient à entendre bien parler. César reviendrait parmi nous qu'il trouverait le même goût pour la parole publique. Pourquoi laisser cette arme au parti radical ? Demandez à un jeune Anglais récemment sorti d'Oxford combien de conférences de village il fait en une année. Qu'il soit libéral ou conservateur, radical ou unioniste, peu importe : il croirait manquer à lui-même ou à son parti s'il ne portait pas dans des réunions l'écho de sa science fraîchement acquise. Lisez la *Revue de la jeunesse socialiste*, publiée à Toulouse : vous y verrez que tout étudiant socialiste est tenu pendant ses vacances, à Pâques ou en automne, de parcourir un certain nombre de villages, de convoquer dans un cabaret les paysans, et de leur adresser la bonne parole.

Ce sont là, nous l'avouons, des habitudes nouvelles ; mais le suffrage universel, le pouvoir illimité donné à la foule, la puissance élective à tous les degrés, tels qu'ils existent dans une démocratie, ne constituent-ils pas des nouveautés bien plus surprenantes ? et quand ces institutions sont établies parmi nous, que nul parti ne songe à supprimer le suffrage universel, ne devons-nous pas regarder les nations qui ont su, au milieu de cette transformation des mœurs publiques, se servir de la liberté pour agir, pour combattre et pour sauver les garanties essentielles de la société ?

CONCLUSION

Aux questions que nous posions en commençant la réponse n'est pas douteuse : il n'est que temps de constituer un parti résolu à défendre la propriété et la liberté contre l'assaut des socialistes.

Si l'étude de l'histoire nous enseigne que nul peuple n'a contracté une plus longue habitude de tout rapporter au pouvoir, d'attendre tout de lui, de compter en tout sur son impulsion, et si, dans le cours de ce siècle, sa confiance l'a dispensé de toute initiative, il est évident qu'à aucun moment son réveil n'a été plus nécessaire. La faiblesse des gouvernants n'est pas un accident, c'est un mal chronique. Les détenteurs du pouvoir se montreraient demain aussi fermes qu'ils sont irrésolus que le devoir serait le même. Comment faire fond, pour la défense d'intérêts permanents, sur un gouvernement qui est à la veille d'un perpétuel changement ? Son impuissance, qu'il le veuille ou non, vient de sa fragilité. Dans un régime démocratique, il ne faut pas se lasser de le répéter, les garanties reposent, non sur les tendances mobiles de cabinets éphémères, mais sur l'organisation de partis solidement fondés qui servent d'appui aux intérêts de la nation. Si ces partis n'existent pas, la constitution elle-même cesse de fonctionner, ou plutôt elle tourne dans le vide, au risque, suivant le temps, de ne rien produire ou de tout emporter.

Nous rencontrons aujourd'hui une occasion unique d'échapper à ce cercle vicieux d'erreurs et de fautes. D'une crise menaçante peut sortir le salut. Profitant des libertés publiques et en abusant, un parti s'est formé qui a pour mobile la haine, pour moyen la calomnie, pour instrument l'audace ; remuant toutes les passions, se servant de toutes les chimères qui peuvent séduire, il a saisi une heure de découragement pour murmurer aux oreilles de ceux qui souffrent un chant d'espérances indéfinies ; il essaie de soulever les foules en parlant de son amour pour les humbles, et colore l'envie, ce vieux péché des hommes, en soutenant que le riche est le seul obstacle au bonheur de la société. Cette attaque furibonde, la plus habile et heureusement la plus bruyante qui fut jamais, nous impose des devoirs : si nous demeurons immobiles, attendant le salut du hasard ou de nos gouvernails, l'issue n'est pas douteuse. Pour qu'il y ait lutte, il faut deux armées. A l'heure présente, il n'y en a qu'une. Sa force ne vient que de notre lâcheté. Secouons notre inertie, essayons d'agir, et nous serons émerveillés du succès.

La jeunesse, qui est le fond d'un parti, ne vient pas à ceux qui se lamentent dans l'immobilité ; si nous agissons, elle écoutera notre appel ; elle ne rejoint que ceux qui luttent. Il a suffi d'agir, sur un seul point, pendant quelques mois cet hiver, pour voir se lever une quantité d'amis inconnus qui attendent le signal. Dispersés, ils ne comptaient pas ; groupés, ils sont une foule ; disciplinés, une phalange. Qui ne se souvient du rôle joué dans notre histoire par la société « Aide-toi ! le Ciel t'aidera » ? Un petit nombre d'hommes jeunes, une volonté ferme, un dévouement illimité à leurs convictions, la résolution d'agir, voilà ce qui a assuré le triomphe. L'heure est venue de retrouver dans ces souvenirs et dans le sang de notre race la force nécessaire ; jamais en France, en face d'un grand péril, les hommes n'ont manqué. Nous avons certes commis des fautes ; mais le cœur est demeuré sain, il est prêt à battre aux grandes causes et à se dévouer : il s'agit, non de défendre une vieille citadelle au fond de laquelle nous reprendrions demain le sommeil interrompu, mais de commencer une longue et vaillante campagne, de prendre partout l'offensive, de disperser les assaillants, de poursuivre avec plus d'ensemble et d'énergie le rôle qui nous appartient dans l'histoire, en déployant dans les luttes civiles ces qualités de courage qui ne sont pas le privilège du soldat. Envisagée à ce point de vue, la crise que nous traversons mérite bien le nom d'épreuve. Selon la conduite des années qui s'ouvrent, la postérité jugera si la France, lassée par ses révolutions, a conservé, à la fin de ce siècle, assez de qualités d'indépendance pour faire jaillir de son sein, en usant des libertés publiques, une force sociale rajeunie, pour accomplir avec suite les réformes nécessaires, pour parler et pour agir à temps, ou si, engourdie par les jouissances, elle s'est soustraite à ses devoirs, se contentant de conserver ces dons d'intelligence et d'esprit qui, sans l'action, ne servent qu'à s'écrier à la veille des catastrophes : « Il est trop tard ! »

NOTES

1.   Voici les chiffres exacts qui sont extraits de la grande enquête sur l'évaluation de la propriété bâtie : Nombre de propriétés bâties et occupées : 8 100 528. Propriétaires les occupant seuls : 4 969 223. Propriétaires occupant leurs immeubles avec des locataires : 405 597. Rapport de M. Boutin, directeur général des Contributions directes. Paris, Imp. Nat. 1891, p. 58.

2.   Le nombre des propriétaires payant l'impôt foncier est de 8 454 218. Évaluation des propriétés non bâties. Paris, Imp. Nat. 1883, p. 393.

3.   Nous n'avons pas eu la prétention d'analyser en trois pages toutes les écoles et toutes les théories socialistes. Il nous a suffi de résumer les opinions de MM. Jaurès, Millerand, Guesde et de leurs amis, c'est-à-dire des orateurs et des journalistes qui commandent et auxquels on obéit.

4.   Voyez, dans la Revue du 15 août 1894, l'étude de M. C. de Varigny sur Tammany-Hall.

5.   Nous ne parlons pas du code de procédure civile : on ne peut traiter ce sujet en quelques lignes. Et comment ajourner une réforme, lorsqu'en certains ressorts la vente du petit bien de mineurs, malgré la loi de 1884, absorbe, la statistique le démontre, 100 et 120 pour 100 du prix de vente ?

6.   Au commencement de septembre, le gouvernement faisait publier les noms de trente-cinq condamnés évadés depuis peu des bagnes. On sait que la plupart des Arabes condamnés ont quitté la Guyane.

7.   Revue des Deux Mondes du 15 janvier 1881.

8.   Voir l'étude sur le Pouvoir exécutif aux États-Unis, par le duc de Noailles. Revue des Deux Mondes du 15 juin 1888.

9.   Voir les articles remarquables de M. Charles Benoist.

René Joison

Revue des 1er et 15 octobre 1895.

NOTES

ISBN : 978-1976217357

www.ingramcontent.com/pod-product-compliance
Lightning Source LLC
Chambersburg PA
CBHW071241240726

48654CB00009B/1160